Las cuatro esferas de la Tierra

Paul Larson

Asesora

Jill Tobin
Semifinalista
Maestro del año de California
Burbank Unified School District

Créditos de publicación

Rachelle Cracchiolo, M.S.Ed., *Editora comercial*
Conni Medina, M.A.Ed., *Gerente editorial*
Diana Kenney, M.A.Ed., NBCT, *Editora principal*
Dona Herweck Rice, *Realizadora de la serie*
Robin Erickson, *Diseñadora de multimedia*
Timothy Bradley, *Ilustrador*

Créditos de las imágenes: Portada, págs.1, 3, 5,
7, 8, 9, 10, 11, 13, 15, 20, 21, 22, 26, 32, Contraportada
iStock; pág.14 Hidden Ocean 2005 Expedition: NOAA
Office of Ocean Exploration/Wikimedia Commons;
pág.15 The Monterey Bay Aquarium Research Institute;
pág.17 (superior) WaterFrame/Alamy, (ilustración)
Dorling Kindersley/Getty Images; pág.22 Barbara Galati/
Newscom; pág.23 Paul Wootton/Science Source; pág.24
(fondo) Peter Adams Photography Ltd/Alamy; pág.31 Carl
Chun/Wikipedia; todas las demás imágenes cortesía de
Shutterstock; las demás ilustraciones, Timothy Bradley.

Teacher Created Materials

5301 Oceanus Drive
Huntington Beach, CA 92649-1030
http://www.tcmpub.com

ISBN 978-1-4258-4719-7
© 2018 Teacher Created Materials, Inc.

Contenido

La gran canica azul

"La Tierra es una gran canica azul
si la ves desde allá arriba.
El sol y la luna dicen
que nuestra belleza cautiva…"

—de la canción de presentación del programa televisivo
Big Blue Marble

El 7 de diciembre de 1972, desde el espacio exterior, los astronautas de la misión *Apollo 17* tomaron una fotografía de la Tierra. Para ellos, la Tierra se veía como "una gran canica azul". Esa frase quedó asociada a la imagen desde entonces.

Esta bella esfera azul guarda muchas historias. Aquí compartiremos cuatro de ellas. Son historias sobre las cuatro esferas de la Tierra. Las cuatro esferas de la Tierra son la geósfera, la hidrósfera, la atmósfera y la biósfera. Cada una pinta una imagen diferente de nuestro hogar.

Geo- significa "Tierra".

Mezcla de esferas

A pesar de que cada esfera es única, en ocasiones puede ser difícil distinguir una de otra. Hay agua dentro de la Tierra. Si recoges una masa de lodo, ¿es parte de la geósfera o de la hidrósfera?

Geósfera

Los científicos consideran la geósfera como la parte de la Tierra que incluye su interior, las rocas y los minerales, los accidentes geográficos y los procesos que le dan forma a la superficie de la Tierra. Observemos a la Tierra desde la superficie hacia adentro. Esto significa observar las capas de la Tierra.

Aquí tenemos un desglose simple para recordar las cuatro esferas de la Tierra.

geósfera: tierra

hidrósfera: agua

atmósfera: aire

biósfera: vida

Las capas de la Tierra

A pesar de que la Tierra se ve como una gran canica azul, es rugosa y está cubierta de cumbres y valles. Van desde la cima del monte Everest hasta los cañones más profundos de la fosa de las Marianas.

Como un caramelo duro enorme, la Tierra está hecha de diferentes capas. Una capa es la litósfera. Comprende la **corteza** dura y rocosa, y la capa exterior del **manto**. La litósfera está compuesta por rocas y minerales.

Debajo de la litósfera hay varias capas más. Son el resto del manto, el núcleo externo y el núcleo interno. ¡Estas capas son muy calientes!

Una capa del manto es la astenósfera. Es densa y pegajosa. Está entre un sólido y un líquido. Los científicos creen que el **magma** de la Tierra está allí.

El núcleo externo está compuesto por roca líquida supercaliente. Como está debajo de la superficie terrestre, es difícil para los científicos saber qué aspecto tiene. Creen que está compuesta principalmente por hierro y níquel derretido. Estos metales afectan el campo magnético de la Tierra.

El núcleo interno de la Tierra mide alrededor de 1,200 kilómetros (745 millas) de espesor. Con una temperatura de aproximadamente 5,000 °C (9,032 °F), es la capa más caliente de la Tierra. Debido a la gran cantidad de presión, el núcleo interno es sólido.

El prefijo *lito-* viene del griego y significa "piedra".

Diferentes dinámicas

Observa el cuadro que está a continuación para aprender más sobre las capas de la Tierra.

Capa	Temperatura	Espesor	Descripción
corteza	0 °C (32 °F)	5 km (3 mi.)	dura, rocosa
manto	1,000 °C (1,832 °F)	2,900 km (1,800 mi.)	roca caliente y semisólida
núcleo externo	3,700 °C (6,692 °F)	2,300 km (1,430 mi.)	hierro y níquel líquidos
núcleo interno	4,300 °C (7,772 °F)	1,200 km (745 mi.)	hierro y níquel sólidos

0 a 100 km
de espesor

litósfera

astenósfera

corteza

manto

2,900 km

núcleo
externo

núcleo

5,100 km

núcleo
interno

Familias de rocas

Volvamos a la superficie e investiguemos las rocas de la Tierra.

Un tipo de roca se llama ígnea. La palabra *ígnea* proviene de una palabra en latín y significa "fuego". Las rocas ígneas se forman tanto encima como debajo de la superficie terrestre, pero siempre requieren mucho calor.

El magma caliente se enfría y se convierte en muchos tipos de rocas ígneas, según el tipo de magma y la cantidad de tiempo que dure en enfriar Al igual que todas las rocas, las ígneas se clasifican según la textura y la composición, es decir, de lo que están hechas.

Las rocas **sedimentarias** se forman de otra manera muy diferente. agua, el viento, el hielo, la gravedad y la luz solar hacen que con el tie las rocas se desintegren. Esto se denomina *desgaste*. Estas pequeñas piezas de roca se mueven de un lugar a otro a través del proceso de erosión. Si pudieras ver a lo largo del tiempo, verías cómo se asier el sedimento y se forman capas. Estas capas se compactan en el transcurso de miles de años. Finalmente, se cementan. Así es co se forman las rocas sedimentarias.

Obsidiana

La obsidiana es una roca ígnea que tiene una textura lisa y dura, y no tiene granos ni estructura cristalina. Debido a la forma en la que se rompe y fractura, la obsidiana se utiliza desde hace siglos para elaborar herramientas para cazar y cortar.

Bryce Canyon

La erosión de piedra caliza y arenisca en el Parque Nacional Bryce Canyon en Utah creó un bosque de cañones, crestas y chimeneas de hadas, que son como grandes columnas de roca. ¡Es casi como observar una cueva sin techo!

9

Las rocas metamórficas son la tercera familia de rocas. La palabra *metamórfica* proviene de dos palabras griegas: *meta*, que significa "cambiado" y *morphos*, que significa "forma". Entonces es fácil recordar qué son las rocas metamórficas. Son rocas con un "cambio de forma". Se crean cuando cambia la estructura, composición o textura de una roca. Las moléculas literalmente cambian para hacer un nuevo tipo de roca. La mayoría de estos cambios se producen por presión y calor extremos. Por ejemplo, el granito, una roca ígnea, puede cambiar y convertirse en la roca metamórfica gneis cuando se somete a presión y calor muy elevados.

El granito tiene granos grandes.

El gneis tiene rayas. Se pueden ver las capas de diferentes colores.

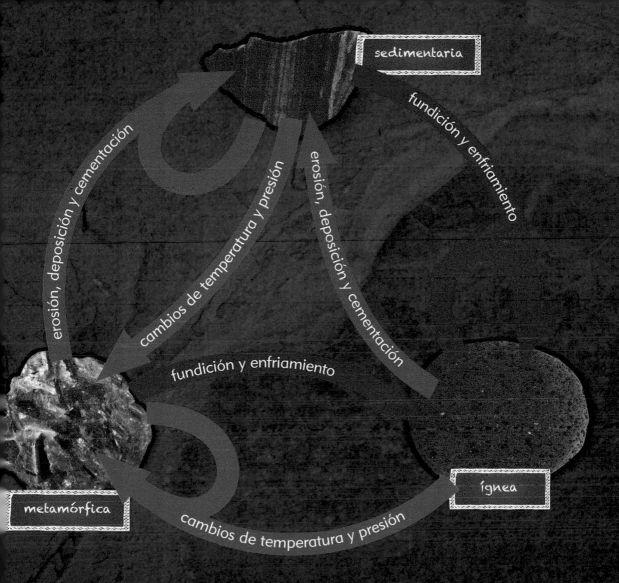

sedimentaria

fundición y enfriamiento

erosión, deposición y cementación

erosión, deposición y cementación

cambios de temperatura y presión

fundición y enfriamiento

ígnea

metamórfica

cambios de temperatura y presión

El ciclo de la roca

La única constante en el ciclo de la roca es el cambio. ¡Cualquier roca puede cambiar y convertirse en otro tipo de roca! ¿Qué sucede si una roca sedimentaria es empujada por debajo de una placa nuevamente hacia el manto? Se funde y se convierte en una roca ígnea. Con el tiempo, la roca ígnea se puede desgastar y depositar en las capas para volverse una roca sedimentaria. Y cualquiera de esos dos tipos, bajo calor o presión extremos, se convertirá en —¡así es!— una roca metamórfica.

Hidrósfera

Sumerjámonos ahora en la hidrósfera. Está compuesta por toda el agua de la Tierra. Incluye océanos, mares, ríos, lagos y arroyos, ¡y también la humedad del aire! Como quizás sepas, el 97 por ciento del agua de la Tierra está en los océanos. El otro tres por ciento es agua dulce. La mayoría está almacenada en los glaciares, témpanos y capas de hielo. Entonces, no queda mucho para el suelo, ¿cierto?

El mar

Comencemos nuestro viaje en el océano. Los científicos han organizado el océano en cinco zonas. Cada zona tiene características particulares que la distinguen de las demás.

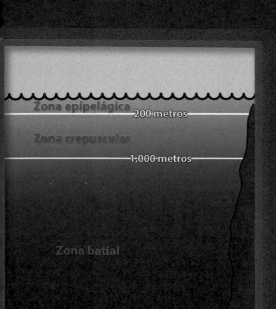

Zona epipelágica
200 metros

Zona crepuscular
1,000 metros

Zona batial

4,000 metros

Zona abisal

6,000 metros

Fosas

Cinco zonas

Las cinco zonas del océano son la zona epipelágica, la zona crepuscular, la zona batial, la zona abisal y las fosas oceánicas.

Zona epipelágica

La zona epipelágica es la parte del océano que mejor conocemos. Se extiende desde la superficie hasta los 200 metros (656 pies) de profundidad. El sol brilla a través de ella, dándole luz a una amplia variedad de seres vivos. De hecho, hay más seres vivos en esta zona que en todas las demás zonas juntas.

La fotosíntesis, el proceso que ayuda a una planta verde a convertir la energía del sol en alimento, se produce en la zona epipelágica. Desde el plancton microscópico hasta la inmensa ballena azul, la zona epipelágica está llena de vida.

Casi el 90 por ciento de la vida marina vive en la zona epipelágica.

Nadar en el agua iluminada

Las personas pueden bucear con tubo en la zona epipelágica. Ahí se pueden ver muchos habitantes del mar, como tortugas marinas, mantarrayas, estrellas de mar y hasta tiburones. En lugares como Florida y Centroamérica hay hermosos arrecifes de coral y peces tropicales que se pueden ver desde la superficie.

Zona crepuscular

.En la zona crepuscular, la luz solar, la vida animal y la vida vegetal se vuelven más escasas. Es más difícil encontrar alimento. Las criaturas de esta zona se mueven dentro de un área mucho más grande. De hecho, esta zona comienza a los 200 m (656 pies) de profundidad y llega hasta los 1,000 m (3,280 pies) por debajo de la superficie oceánica. Sin embargo, las criaturas que viven aquí no la pasan mal. Desde la zona epipelágica caen pedazos de alimento. Por la noche, algunas criaturas simplemente viajan hacia la superficie para alimentarse. Como la luz solar casi no llega, la única fuente de luz es la bioluminiscencia. Es la luz producida por determinados seres vivos. Algunas de las criaturas que viven en este mundo frío y oscuro son pulpos, calamares y peces hacha.

Zona batial

En la zona batial, las cosas realmente comienzan a cambiar. Esta zona va desde los 1,000 a los 4,000 m (de 3,280 a 13,120 pies) por debajo de la superficie. ¡Allí no hay nada de luz solar! El agua es casi helada. Hay aún menos alimento aquí que en la zona anterior. La mayoría de las criaturas de la zona batial son depredadores que están al acecho. Muchos atraen su alimento con señuelos bioluminiscentes. La mayoría de las criaturas son rojas, negras o transparentes. Entonces, son casi invisibles en esa luz débil que emiten ellos mismos.

La medusa Crossota norvegica de color rojo sangre vive a una profundidad de 2,600 m (8,530 pies) en el océano Ártico.

De la luz a la oscuridad

Existe una criatura muy peculiar que vive en la zona batial llamada *calamar vampiro*. Es bioluminiscente con una característica especial. Puede apagar y encender sus colores y cambiarlos según lo necesite. ¡Hasta su tinta es especial! La tinta que expulsa cuando se siente amenazado también brilla.

calamar vampiro

Al sumergirnos aún más en el océano, llegamos hasta la zona abisal. Esta zona va desde los 4,000 a los 6,000 m (de 13,120 a 19,685 pies) por debajo de la superficie. ¡La presión del agua aquí te aplastaría! Y el agua está helada. Pero incluso sin luz ni nutrientes, algunas criaturas llaman a este lugar su hogar. Esto incluye erizos de mar, pepinos de mar y contados peces. Estos animales deambulan por el suelo oceánico buscando partículas de alimentos que hayan sobrado.

Exploración en lo profundo del mar

Este es un diagrama del explorador sumergible *Nereus*. Fue construido para soportar 15,000 libras de presión por pulgada cuadrada. Eso es más de 1,000 veces lo que se siente al nivel del mar.

cable a control remoto

propulsor

baterías

esfera de flotación

cámara

luces led

manipulador

canasto de muestra

Fosas

Las fosas oceánicas son los lugares más profundos de la Tierra. Son largas grietas que generalmente se forman a lo largo de los límites de las placas. También se forman cerca de las cadenas de las islas volcánicas.

El lugar más profundo de la Tierra es el *abismo de Challenger*. Está ubicado en la fosa de las Marianas, en el océano Pacífico. Es más profundo que el punto más elevado de la Tierra, el monte Everest. Los científicos enviaron un robot sumergible llamado *Nereus* para explorar esta fosa. La mayoría de las criaturas allí son más pequeñas de lo que se puede ver a simple vista. ¡Es que así debe ser! Sería muy difícil para criaturas más grandes vivir con tremenda presión en esta zona. Algunos científicos creen que estas diminutas criaturas podrían ser similares a las formas de vida más antiguas de la Tierra.

En la zona abisal también vive el engullidor negro. Tiene enormes mandíbulas para comer mejor a su presa.

Agua dulce

La mayor parte de la Tierra está cubierta de agua. Y aun así, solamente el tres por ciento del agua es agua dulce. Para las plantas y los animales de la Tierra, el agua dulce es fundamental. ¡La mayoría no pueden vivir sin ella!

Hielo

Más de dos tercios del agua dulce de la Tierra está atrapada en el hielo de las regiones polares y en los glaciares de montaña. Entonces realmente no podemos usarla, ¿o sí? El hielo polar mantiene el clima estable al reflejar los rayos solares de vuelta a la atmósfera.

En el medio

El nivel freático es un límite que separa el suelo que está sumergido en el agua del suelo que tiene solo una pequeña cantidad de agua. Un nivel freático puede elevarse más o menos, según factores como el tiempo atmosférico.

pozo

Los pozos hechos por el hombre bombean el agua del acuífero. Pueden ayudar a mantener el nivel freático.

lecho de roca

El agua viaja por las grietas de las rocas y se almacena en el lecho de roca.

Agua subterránea y agua superficial

¿Existe una diferencia entre el agua subterránea y el agua superficial? Además de su nombre, sí. El agua subterránea se encuentra debajo de la tierra, en áreas llamadas **acuíferos**. Los acuíferos pueden extenderse a lo largo de enormes áreas. El agua superficial es agua que está encima de la tierra. Fluye a través de arroyos, riachuelos, ríos y lagos.

El agua dulce es muy valiosa. Debemos ser cuidadosos con el modo en que la usamos. La contaminación proveniente de la basura, los pesticidas, los fertilizantes y hasta los limpiadores de uso doméstico pueden contaminar el agua superficial. Cuando el agua se filtra en la tierra, llega hasta los acuíferos llevando consigo la contaminación. De hecho, cuando extraemos agua del suelo, ¡puede incluso estar más contaminada que el agua superficial!

nivel freático

lago

acuífero

El agua subterránea baja por la colina y llega hasta un acuífero, que está debajo del nivel freático.

19

Atmósfera

¿Y qué es la atmósfera? Es el aire que rodea a la Tierra. La mayor parte de la atmósfera está cercana a la superficie, donde es bastante densa.

La atmósfera está compuesta por casi un 80 por ciento de nitrógeno. El 20 por ciento restante es oxígeno. El oxígeno es el gas más importante en la atmósfera para los seres humanos. El resto de la atmósfera está compuesta principalmente de argón y dióxido de carbono. A pesar de que lo dividimos en capas, no hay límites estrictos en la atmósfera.

Capas y capas

Capa	Altitud
tropósfera	de 0 a 13 km (0 a 8 millas)
estratósfera	de 13 a 48 km (8 a 30 millas)
mesósfera	de 48 a 85 km (30 a 53 millas)
termósfera	de 85 a 600 km (53 a 373 millas)

tropósfera

estratósfera

mesósfera

termósfera

Tropósfera

La tropósfera es la capa de la atmósfera que está más cerca de la Tierra. En comparación con el resto, esta capa es la más densa. Se debe a que la fuerza de gravedad es más fuerte cerca de la superficie terrestre y es cada vez más débil al alejarnos. ¡La gravedad tira de la atmósfera!

La tropósfera está llena del aire que respiramos. También es donde se origina el clima de la Tierra. Las variaciones en la presión del aire en esta capa causan frecuentes cambios climáticos. Además, el 99 por ciento del vapor de agua de la Tierra está aquí. Eso incluye las nubes y la precipitación.

Respirar a gran altitud

Todos respiramos más rápido y profundo a gran altitud. Como el aire es menos denso a grandes alturas, necesitamos respirar más para obtener la misma cantidad de oxígeno que podemos recibir al nivel del mar.

La estratósfera es la capa que sigue. Va de los 13 a los 48 km (de 8 a 30 millas) por encima de la Tierra. El aire es tan ligero en esta capa que los aviones usualmente vuelan justo arriba del límite inferior.

La estratósfera contiene la capa de ozono. Este delgado escudo protege la superficie terrestre. En la década de 1980, los científicos descubrieron que la capa de ozono estaba disminuyendo. Permitió que más luz ultravioleta (UV) llegara a la Tierra. La luz UV puede causar cáncer de piel e incluso dañar los ojos. ¡Qué mal!

Los científicos descubrieron que una sustancia química que se usa para hacer vasos desechables, así como otros elementos, hacen disminuir la capa de ozono. Con mucho trabajo y un cambio en la manera como fabricamos estas cosas, el mundo se ha unido para reparar la capa de ozono.

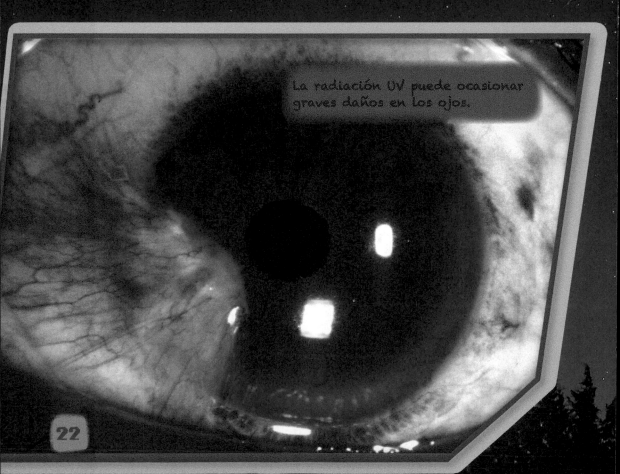

La radiación UV puede ocasionar graves daños en los ojos.

Lluvia de meteoros: las Perseidas

Las Perseidas se conocen como una de las mejores lluvias de meteoros para admirar. Se producen meteoros muy veloces que a menudo dejan grandes estelas.

Una "estrella fugaz" es un meteoro que llega a la mesósfera. La fricción hace que el meteoro se caliente y cree la estela que vemos.

Mesósfera

La mesósfera es la capa que está más allá de la estratósfera. Cerca de las zonas más externas, se vuelve la más fría de las capas. Puede llegar a -100 °C (-148 °F). Esto es mucho más frío que cualquier lugar sobre la Tierra.

Los científicos tienen mucho que aprender sobre esta capa de la atmósfera. Los aviones no alcanzan a llegar hasta esta altura. Los globos meteorológicos, que se usan para estudiar el tiempo y la atmósfera de la Tierra, tampoco pueden llegar a esta capa. ¡No es sencillo aprender sobre algo a lo que no te puedes acercar!

Termósfera

La capa más externa de la atmósfera es la termósfera. Es la capa más gruesa. Va desde los 85 hasta los 600 km (53 a 373 millas) por encima de la Tierra. Aquí encontramos dos cosas interesantes. Primero, la Estación Espacial Internacional orbita en esta capa. Segundo, las auroras ocurren en la termósfera. Las auroras son juegos de luces en el cielo. Se ven en las regiones polares. Se conocen como aurora boreal o aurora austral, según el hemisferio en el que estés. Si tienes la oportunidad de viajar y verlas tú mismo, son más frecuentes en primavera y otoño.

¡Las temperaturas durante el día en la termósfera pueden llegar hasta 2,000 °C (3,632 °F)!

Las luces de la aurora

Este fenómeno ocurre cuando el Sol envía partículas cargadas a la atmósfera. Las moléculas comienzan a rebotar contra otras moléculas, encendiéndolas.

Biósfera

La biósfera es el **ecosistema** de todo el mundo y todos los seres vivos que lo habitan. Es donde todas las esferas de la Tierra funcionan juntas. Pensemos por un segundo en cómo interactúan. La geósfera interactúa con la hidrósfera y la atmósfera. La lluvia cae a los ríos y arroyos. Esto le da a la biósfera el agua necesaria. Los arroyos y ríos erosionan las rocas, y así se crean accidentes geográficos que son el hogar de muchos seres vivos. La atmósfera también mantiene la geósfera y la hidrósfera a una temperatura constante. Permite que la vida se desarrolle. Pero la biósfera también puede afectar las otras esferas.

Las estaciones de la Tierra

La inclinación del eje terrestre es de aproximadamente 23.5 grados. Debido a esta inclinación, la luz solar brilla a diferentes ángulos en las distintas latitudes mientras la Tierra da la vuelta alrededor del sol. Es por esto que existen las estaciones en la Tierra.

23.5°

luz solar

Ecosistemas

Pensemos en cómo un ecosistema en la biósfera puede afectar a las otras esferas. En un bosque, los pastos usan la energía solar para crecer. Los ratones se comen el pasto y luego las serpientes se comen a los ratones. Las lombrices ayudan a mezclar el suelo, lo que ayuda a que más plantas crezcan. Las raíces de las plantas mantienen el suelo en su lugar, así evitan la erosión. Los animales beben agua de la hidrósfera. Las plantas y los animales viven en la geósfera y en la hidrósfera. Están rodeados por la atmósfera. La biósfera es realmente donde se unen todas las esferas de la Tierra.

Planeta hogar

Nuestra gran canica azul provee a los seres vivos de todo lo que necesitan. Debajo de la superficie terrestre se producen los metales. Generan un campo magnético que protege el planeta. Cerca del espacio, la termósfera protege la Tierra de los dañinos rayos solares. Hasta el océano, o la hidrósfera, tiene zonas que tienen una función importante. Como nuestro hogar nos brinda un medio ambiente donde podemos crecer bien, debemos recordar cuidarlo. ¡Todo está conectado! Lo que afecta a una esfera o incluso a un ser vivo, al final afecta a todo. El flujo de estas fuerzas tiene un gran impacto en la biósfera.

¿Cómo afecta la atmósfera de la Tierra a las otras esferas? ¡Experimenta y averígualo!

Qué conseguir

- agua
- bandeja de plástico
- pequeños manojos de pasto
- rociador
- tierra
- ventilador de mano pequeño

Qué hacer

1. Esparce tierra en la bandeja y apisónala. Haz que algunas zonas sean más elevadas y otras más bajas. Asegúrate de cubrir toda la bandeja. Esto representa la geósfera.

2. En las áreas donde la tierra es más baja, vierte agua. Haz algunos océanos y lagos.

3. Arrastra el dedo por una parte de la tierra. Vierte agua en las muescas para hacer ríos. El agua representa la hidrósfera.

4. Esparce el pasto sobre partes de la tierra para representar la biósfera. Usa el rociador para rociar agua sobre la tierra. ¿Qué sucede en las otras esferas cuando llueve?

5. Usa el ventilador para soplar viento fuerte sobre la tierra. ¿Qué sucede en la geósfera y la biósfera cuando hay viento? ¿Afecta la hidrósfera?

6. Deja la bandeja por una hora. ¿Qué sucede en la hidrósfera, la biósfera y la geósfera durante una sequía? Registra tus respuestas en un cuadro como este.

Esfera	Lluvia	Viento	Sequía
Hidrósfera			
Biósfera			
Geósfera			

Glosario

acuíferos: capas de roca o arena que pueden absorber y contener el agua

atmósfera: la masa de aire que rodea la Tierra

auroras: bandas anchas de luz que tienen un origen magnético y eléctrico y que pueden aparecer en el cielo nocturno

bioluminiscencia: la emisión de luz por parte de un ser vivo

biósfera: la parte de la Tierra en la que existe vida

capa de ozono: una capa de la atmósfera de la Tierra que bloquea gran parte de la radiación ultravioleta del sol y evita que los seres vivos sufran daños

corteza: la capa sólida más externa de la Tierra

ecosistema: una comunidad de seres vivos y no vivos en un medio ambiente determinado

geósfera: las rocas y el suelo que componen la capa exterior de la Tierra

hidrósfera: toda el agua en la atmósfera y en la superficie de la Tierra

ígnea: un tipo de roca que se forma cuando el magma o la lava se enfrían

magma: roca líquida caliente debajo de la superficie de la Tierra

manto: la capa media de Tierra que está entre la corteza y el núcleo

metamórficas: rocas que se forman bajo calor y presión extremos

placa: relativo a las placas tectónicas; grandes trozos de la corteza terrestre que se desplazan

sedimentarias: rocas formadas por pequeñas piezas de roca, como arena, grava y polvo

Índice

Transpiración

La transpiración ocurre cuando una planta libera el agua nuevamente a la atmósfera. ¡Puedes comprobar que ocurre! Busca un árbol vivo al aire libre. Cubre con cuidado una rama con hojas (o agujas) con una bolsa de plástico, pero mantén la rama en el árbol. Ata una banda elástica alrededor de la abertura para cerrarla. Vuelve a observarla 24 horas después. ¿Qué ves? ¿Qué esferas se ven afectadas por la transpiración?